AF444151

* 9 7 8 9 9 4 8 7 7 6 2 6 0 *

قبل أن تطفئ النور

شكر وتقدير

شكرًا لكلِّ مَن ألهمني وساندني..
لكلِّ تلك الأرواح الجميلة التي أحاطت بي..
ممتنَّةٌ لكم، وأُهديكم هذا الكتاب.

عزة الشامسي

قبل أن تطفئ النور

AUSTIN MACAULEY PUBLISHERS™

LONDON • CAMBRIDGE • NEW YORK • SHARJAH

الرقم الدولي الموحد للكتاب 9789948776260 (غلاف ورقي)
الرقم الدولي الموحد للكتاب 9789948776277 (كتاب إلكتروني)

رقم الطلب: MC-10-01-5102705
التصنيف العمري: E

الطبعة الأولى 2023
أوستن ماكولي للنشر م. م. ح
مدينة الشارقة للنشر
صندوق بريد [519201]
الشارقة، الإمارات العربية المتحدة
www.austinmacauley.ae
+971 655 95 202

المقدمة
قبل أن تطفئ النور

تأكَّد أنَّك قد رتَّبتَ خزانة أفكارك، وأفرغتَ سلة همومك، وعلَّقتَ على شماعة النسيان جميع أوجاعك، لا أحد يتوقع مِن أمثالك مِن الناس الذين يعيشون الحياة الرغيدة أن يحلَّ الحزن ضيفًا ثقيلًا عليهم، لا أحد يراه في عتمة الليل غيرك.

فكما تضع وسادتك تحت رأسك بكل حنان، ضَع أمرك بيَد خالقك العليِّ القدير، خُذ نفَسًا عميقًا وأغمِض عينَيك بامتنان، وغدًا سيكون أجمل بإذن الله.

السلام الداخلي للإنسان في الرضا التام.

السلام هو هدف الروح، كلما كنتَ أقرب لهذا السلام كنتَ أقرب للسعادة الحقيقية.

بحثك الدائم عنه في الحياة لا بد وأن ينتهي بنهاية سعيدة، ما أجمل شعور الرضا!

يقال: إنك لن تحصل أبدًا على شيء كامل، ولكنك ستحصل على أشياء ناقصة تكتمل برضاك.

السعادة

سعادتي موجودة، أنا أدرك ذلك، أعرف أنها في مكان ما ولكن كيف أصل إليها؟! كيف أصل إلى مفتاح السعادة؟!

عندما أرى هدفي أمامي، وسعادتي تلوِّح لي من بعيد ولا ينقصني سوى وسيلة الوصول إليها، أعرف أن المشكلة الوحيدة هي اعتيادي على ما يسمَّى بالـ (Comfort Zone)، غير المريح نفسيًّا؛ لأنه يوحي بالأمان والاستقرار، فكأنَّ قدمَيَّ مقيَّدتان.

في الحقيقة إنَّ ما أحتاجه ليس التغيير، ولا الرحيل، ولا مغادرة من حولي، وإنما مغادرة أفكار تعوَّدتُ عليها لطالما أتعبَتني، ولكنِّي أصِرُّ على التشبُّث بها.

إذا وضعنا مكبِّرًا على حياتنا وتأمَّلناها بعين محايدة سوف نجد: حياة الأم المتوتِّرة وصراعها مع الوقت المشحون بالواجبات، التي لا يتَّسع لها اليوم المكوَّن مِن أربعٍ وعشرين ساعة. حياة الأب المثقَل بهموم المعيشة والقلق من المستقبل.

حياة المراهق المتململ مِن روتينه اليومي ورغبته في التخلُّص مِن أعباء المدرسة والأطفال، وذلك الشغف في اكتشاف المجهول الذي يعرِّضهم للخطر دائمًا.

الترتيب من الداخل

مستوى قلق الإنسان في هذه الحياة وجَريه خلف رغباته هو ما يحدِّد حالته، مستمتع في حياته أم لا!

حياتك مسئوليتك وحدك.. أنت الوحيد المسئول عن سكينة قلبك وهدوئك وسعادتك، لن يقوم أحد بالنيابة عنك بأداء دورك في الحياة.

متى ما انتشرَتِ الفوضى في عقلك وحياتك، قم بترتيب الداخل قبل الخارج، ما ننوي القيام به هو إعادة فلترة أفكارنا كلَّ حين.

"نصيبك من الفرح بمقدار سلامك".

[عبد الله الهاشمي – العيش الطيب]

(فَضَحِكَت فَبَشَّرْنَاهَا)

[هود: 71]

ترادف الضحك والسرور مع البشرى ليس صدفة، إنَّما هو استعداد النفس لتلقِّي السعادة.

تحتاج السعادة منَّا ذلك النوع مِن فتح الذراعين للتلقِّي.

"السعادة تحيط بكم دائمًا، وغالبًا ما تكونون في حالة تقبُّل لها، ولكنَّكم في بعض الأوقات تعيقونها".

[مِن كتاب اسأل تُعطَ لـ : إستروجيري هيكس]

إذا جفاك النوم ليلًا، بدلًا مِن عدِّ الخراف تذكَّر لحظات جميلة مرَّت في يومك، لا بدَّ وأنَّها مرَّت، استعِدها وأعطِها حقَّها.

يمكنك إنشاء مراسٍ إيجابية

في مفكِّرة صغيرة يمكننا تدوين الإنجازات اليومية الصغيرة والكبيرة، المواقف المفرحة العابرة.

هزائمنا في الحياة مستمرة لا تنتهي، يختلف إحساسنا بحجمها عبر الزمن وكلَّما ارتفع مستوى الوعي لدينا.

فقط هي الأفكار والقناعات ما يكبِّر أو يصغِّر الحدث، في الحقيقة لدى كلٍّ منَّا مستشفى عظيم ومجَّاني في داخله يغنيه إنه الإيمان.

تمهّل

لا تتقدَّم في الأراضي الملغومة، أحيانًا نرى بأعيننا ما يحذِّرنا بعدم المضي في طريق خطر، كأضواء حمراء لسيارة أمامنا، إذا أعطينا الأمر أهمية وتوقَّفنا نكون قد كُتِبَت لنا النَّجاة، أمَّا إذا تجاهلناها بسبب قلة وعينا وعدم تصديقنا للكثير مِن الإشارات، يكون علينا في ذلك الوقت دفع الثمن.

يقال: الناس يرَونك كما ترى أنت نفسك.

الناس يعاملونك كما تعامل أنت نفسك.

فانتبه مِن رأيك عن نفسك وتعاملك معها.

اذكر الله يذكرك

أذكار الصباح والمساء لها الأثر الكبير على اتِّزانك النفسي والمزاجي، قال تعالى:

﴿الَّذِينَ آمَنُوا وَتَطْمَئِنُّ قُلُوبُهُمْ بِذِكْرِ اللَّهِ أَلَا بِذِكْرِ اللَّهِ تَطْمَئِنُّ الْقُلُوبُ﴾

[الرعد: 28]

لاحِظ ذلك الشعور مِن الهدوء والراحة بعد نفَسٍ عميقٍ يتخلَّله دعاء مِن القلب للخالق القدير، ثقةً به وتصديقًا لقوله:

﴿وَقَالَ رَبُّكُمُ ادْعُونِي أَسْتَجِبْ لَكُمْ﴾

[غافر: 60]

الامتنان

القدرة على الامتنان والشكر تزداد مع ممارستها على أصغر وأكبر التفاصيل اليومية.

بالشكر تدوم النعم، الممتنُّون دائمًا يتمتَّعون برضًا أعلى، ويعيشون معدَّلات سعادة أكبر، وقدرتهم على مقاومة الحزن والاكتئاب أكبر مِن غيرهم.

"إذا بدأتَ اليوم بامتنان وأنهَيتَ اليوم بامتنان، فسوف تمتلئ حياتك بالبركة التي لَم يكن بإمكانك رؤيتها مِن قبل".

[لويز هاي: الحياة تحبك]

"الامتنان يجلب إدراكًا جديدًا، إنه يحوِّل نفسِيَّتك، ويفتح عينَيك لترى العالم بشكل مختلف".

[لويز هاي: الحياة تحبك]

الاستغفار

العودة لله تعالى بعد الذنب، أبواب المغفرة دائمًا مشرعة أمام بني آدم، لا تتردَّد.

قال تعالى: ﴿إِنَّ اللَّهَ يُحِبُّ التَّوَّابِينَ وَيُحِبُّ الْمُتَطَهِّرِينَ﴾
[البقرة: 222]

"ازرعوا في أطفالكم دائمًا ثلاث ثقافات: الاعتذار، والمحبة، والشكر؛ فمجتمعنا مجحف بها جدًّا".

باولو كويلو

فإذا ركبتَ القطار الخطأ، فحاوِل أن تنزل في أوَّل محطة؛ لأنَّه كلَّما زادَتِ المسافة زادَت تكلفة العودة".

الصبر

كل المصائب عند وقوعها تبدو عظيمة، لكنها تصغر مع مرور الوقت، الوقت كفيل بجبر القلوب، وحثِّ النفوس على تجاوز الألم.

يقال: إن النضج هو أن تدرك أن معظم الأشياء لا تستحق ردة فعل.

جدير بنا المبالغة في حُسن الظن بالله؛ فإنَّ جزاء حسن الظنِّ أن تنال ما ظننتَ.

الوعي

إن الوعي هو النور الداخلي الذي يكشف لك نفسك والأسباب الحقيقية للمشكلات التي تمرُّ بها.

"اسأل نفسك بعد كل موقف سلبي: لماذا هَزَّني هذا الموقف، بدلًا مِن أن تسأل: إلى متى سيستمر، الوعي أن تسأل نفسك السؤال الصحيح".

[عبد الله الهاشمي - العيش الطيب]

يقال: العقل الواعي هو القادر على احترام الفكرة حتى ولو لَم يؤمن بها.

النية الواعية الآن

أنوي أن أحصل على السعادة، والأمان، والسكينة، والشفاء، والتيسير، والبركة، والحب، والتوفيق، والرضا الوافر.

إذا كنتَ ذا شخصية حساسة، فنصيحة: بسِّط، تغاضَ، خفِّض أهمية الأشخاص والمواقف والتوَقُّعات لتنعم بسرِّ راحة الحياة.

مَن أنت؟

راقِب نفسك لمدة معيَّنة لتتعرَّف عليها.

يقول أرسطو: "نحن ما نكرِّر فعله دون توقُّف".

تقول رافاييل جيوردانو في كتابها الرائع "حياتك الثانية تبدأ حين تدرك أنَّ لديك حياة واحدة".

"إنَّ تحوُّل المرء إلى شخصٍ أفضل وأكثر سعادة وتوازنًا، يتطلَّب عملًا وجهودًا منتظمة".

حلِّق كمنطاد

يقال إنَّ الحياة أشبه بمنطاد، فكلَّما أردتَ التحليق إلى أعلى يجب عليك التخلُّص مِن الحمولة الزائدة.

ما مزاياك؟ وما الأشياء التي تجيد فِعلها؟ وما تجاربك الأكثر نجاحًا في حياتك؟

خذ ورقة وقلمًا، وحاوِل أن تكتب ما يخطر على بالك منها؛ دعها تصنع يومك، لا تتخيَّل كمَّ الراحة التي سوف تشعر بها!

رغد العيش

إحساس الإنسان برغد العيش والسعادة لا يكتمل إلا بسلامته النفسية، مهما امتلأَت جيوبه بالمال، وخزانته بالملابس والمجوهرات الفاخرة.

الحياة لا تعطينا كلَّ الأشياء الجميلة، لكنَّ القناعة تجعل كلَّ ما في أيدينا جميلًا.

"تنمية القدرات على أن نكون سعداء ليس شيئًا نتعلَّمه في المدرسة، ومع ذلك هناك تقنيات لهذا الأمر".

"حياتك الثانية تبدأ حين تدرك أنَّ لديك حياة واحدة".

رافاييل جيوردانو

حُسن الظن

مَن انتظر الفرج أُثيب على ذلك الانتظار؛ لأن انتظار الفرج مِن حُسن الظن بالله، وحُسن الظن بالله عمل صالح يثاب عليه الإنسان.

اللهم ارزقنا راحة القلب، وهدوء العقل، وخفة الروح.

اللطف

اللطافة تبدأ مع الذَّات قَبل الآخَرين، تضفي اللطافة هالة مِن البهجة غير المرئية على أي تصرُّف أو كلمة تصدر منك لمن حولك، لاحِظ مشاعرك كيف تتحوَّل، لاحِظ تصرُّفاتهم.

يقول جيل هاسون في كتابه اللطف "اللطف لا يعني أن تُولِّي احتياجات الآخرين الأولويَّة باستمرار، ولا تحمل مسئولية إسعادهم، بل يعني ببساطة أن تراعي مشاعرهم".

الكلمة

الكلمة الطيبة تقرِّب النفوس مِن بعضها، فهي مفتاح قلوب البشر.

قال تعالى في سورة البقرة: {وَقُولُوا لِلنَّاسِ حُسْناً}

الكلمة الطيبة مِن أفضل أعمال الخير، يؤجَر قائلها؛ فهي كالهدية التي تُدخِل الفرح والسرور على القلب.

قال رسول الله صلى الله عليه وسلم: {الكلمة الطيبة صدقة} أخرجه البخاري

كثيرًا ما نتفاجأ مِمَّا تصنعه الكلمات الطيبة اللطيفة مِن مواساة وتشجيع، ما يجعلنا نفكِّر في قوَّة تأثيرها الإيجابي سواء مع الغير أو مع أنفسنا.

نعم، اللطافة مع النفس مهمَّة، والرفق بها ومدحها بأجمل الصفات شيء جميل، وهذه ليست دعوة للغرور أو النرجسية، وإنَّما هي جرعات سعادة نحتاجها جميعًا إن لَم تأتِ مِن الخارج فلا داعي للزهد بها على أنفسنا.

أمَّا الكلمة القاسية اللئيمة الصادرة مِن الأشخاص غير المبالين، ما الداعي لها؟!

تضيق بها الصدور، وتبثُّ الحزن والتعاسة في النفوس، قال تعالى:

﴿وَلَقَدْ نَعْلَمُ أَنَّكَ يَضِيقُ صَدْرُكَ بِمَا يَقُولُونَ﴾

[الحجر: 97]

يقول الكاتب دانييل جولمان: "عندما نركِّز على أنفسنا يتضاءل عالمنا، وتشغل مشكلاتنا حيِّزًا كبيرًا، ولكن عندما نركِّز على الآخَرين، يتَّسِع عالمنا، وتتَّجه مشكلاتنا إلى أطراف المخِّ، ما يجعلها تبدو أصغر".

عدالة سماوية

كم هي غريبة هذه الحياة في بعض تفاصيلها، فعلى الرغم مِن الفرق الشاسع بين حياة الغني وحياة الفقير، إلا إنَّهما متساويان في الفرح والحزن!

فرحة الفقير بولادة طفلة تساوي فرحة الغني، وحزن الفقير بفقد عزيز يساوي حزن الغني.

هل يُعقَل أن تكون الحياة عادلة إلى هذا الحدِّ؟!

يتعافى المرء بمَن يحبُّ

عندما قرأتُ هذه العبارة للمرَّة الأولى، لاحظتُ القدرات العظيمة التي يمنحها لنا الحبُّ في التغلُّب على مصاعب الحياة، وكلَّما تعمَّقتُ في مفهوم التعافي ظهرَت لي على السطح مفاهيم جديدة للحب.

الحب الحقيقي يُعطَى دون مقابل، وبكلِّ حرية، وبلا حدود، تمامًا مثل ضوء الشمس.

إن أحسنتم...

عمل الخير سعادة، جمال الحياة عند البشر يكتمل بإحساسهم بالسعادة التي هي في الحقيقة نعمة موجودة في قلوب الجميع، ليس عليهم البحث عنها في الخارج أو عند الآخَرين، كلُّ ما عليهم عمله لكَي يشعروا بها، هو فقط تفعيل هذه النِّعمة بتحريك أسبابها.

مِن هذه الأسباب عمل الخير والإحسان بشتَّى أنواعه، قال تعالى:

﴿إِنْ أَحْسَنْتُمْ أَحْسَنْتُمْ لِأَنْفُسِكُمْ...﴾

[الإسراء: 7]

كل ما تفعله مِن خير يعود عليك بالخير والسعادة، عمل الخير والكلمة الطيبة هما استثمار الإنسان لحياته في الدنيا وتذكرة دخوله الجنة.

يقول أرسطو: "إنَّ الإحسان للآخَرين هو أنانية مستنيرة".

القبول

القبول هو إحدى النِّعم التي مِن الممكن أن تكون موجودة لدى الإنسان، تولد معه، يستظلُّ بها، ينعم بمزايا كثيرة لا يحظى بها الكثيرون مِن أقرانه، مَن يحصل على هذه النِّعمة يكُن سعيدًا، ومِن ثَمَّ يثير استغراب مَن حوله، وغالبًا حسدهم، لماذا هو فقط؟! ما الذي يجعله محظوظًا هكذا ومباركًا ومحبوبًا مِن الجميع؟!

قال تعالى لنَبِيِّه موسى عليه السلام:

﴿وَأَلْقَيْتُ عَلَيْكَ مَحَبَّةً مِّنِّي﴾

[طه: 39]

لا شكَّ أنَّ مِن أجمل النِّعَم أن يكون حظُّ موسى المحبة والقبول في الأرض، ربَّما لو بحثنا فيمَن حولنا سوف نجد بعض مَن يحظى بهذه النعمة.

مِن الحكمة التواجد بقرب هذه الشخصيات، مراقبتها وتأمُّل البركة والسعادة التي تحيط بها، فالسعادة مُعدِية.

التلقِّي

افتَح قلبك وذراعَيك للحياة، لا تدَعِ الفُرَص المارَّة مِن أمامك تغادر، استقبل

التقبُّل هو النعم الكبيرة، الكون دائمًا يقول نَعم لأقصى درجة، وعليك أن تكون جاهزًا لتقول نعم".

[لويز هاي - الحياة تحبك]

"عندما يكون الفنان جاهزًا، يظهر الإلهام".

[روبرت هولدن - النجاح الموثق]

خاتمة

الحياة تأخذنا في دروب عديدة واختيارات مختلفة، الإنسان دائمًا مخيَّر، حتَّى في أصعب الظروف هو مَن يختار، فلنجعل خياراتنا دائمًا منصفة تجاه أنفسنا أولًا، ثمَّ مَن حولنا.